Después de la Prisión

UNA MANERA DE TRIUNFAR

Por

John Mandala

Battle Press
SATELLITE BEACH, FLORIDA

Después de la Prisión
Una Manera De Triunfar

Copyright © 2021 por John Mandala.

Todos los derechos reservados. Ninguna parte de este libro puede ser utilizada o reproducida por ningún medio, ya sea gráfico, electrónico o mecánico, incluyendo el fotocopiado, la grabación, la grabación en cinta o por cualquier sistema de recuperación de información, sin el permiso escrito del editor, excepto en el caso de breves citas incorporadas en artículos críticos y reseñas.

Los libros de Battle Press pueden pedirse a través de las librerías o poniéndose en contacto con:

Battle Press
1-919-218-4039
steve@battlepress.media

ISBN: 978-1-7374-9910-7 (softcover)
ISBN: 978-1-5136-8784-1 (eBook)

Información Personal

Si lo desea, puede introducir aquí sus datos personales en caso de emergencia o accidente.

Nombre: _____
Dirección:

_____

_____
Teléfono #:

_____
Contacto de Emergencia:

Nombre: _____

Teléfono #: _____

Agradecimientos

El autor desea agradecer sinceramente a las personas que han apoyado este importante esfuerzo y expresa su simpatía a las familias de las víctimas del crimen en todo el mundo, y a todos aquellos que han sido condenados y/o ejecutados injustamente.

Tabla de Contenido

INTRODUCCIÓN 7

PRÓLOGO 9

CAPÍTULO 1 Dónde, Cuándo y Cómo Empezar 13

CAPÍTULO 2 Cómo Conseguir los Documentos Necesarios 16

CAPÍTULO 3 Preparación de la Liberación 26

CAPÍTULO 4 Informes de Libertad Condicional 34

CAPÍTULO 5 Un Ejemplo de Programa de Liberación 37

INTERLUDO I El Más Grande y el Más 42

INTERLUDO II Mantener la energía positiva (ESPERANZA) 43

COMIENZO DE LA SEGUNDA PARTE 46

CAPÍTULO 6 Preparación para el Primer Día 46

CAPÍTULO 7 Finanzas y Vida Sana 50

CAPÍTULO 8 Algunas Palabras sobre el Empleo 52

CAPÍTULO 9 Condiciones de Libertad Condicional ... 58

CAPÍTULO 10 HOGAR DULCE HOGAR 63

CAPÍTULO 11 Conclusión: 68

ANEXO Currículum y Carta de Presentación 70

A continuación, unas palabras de sabiduría:

La paz no se puede mantener por la fuerza. Sólo puede lograrse mediante el entendimiento.

-Dostoyevsky

Si, al principio, la idea no es absurda, entonces no hay esperanza para ella.

-Einstein

Cuando se sabe todo lo que hay que saber, es entonces cuando se descubre que realmente no se sabe nada.

-A. Quatroni

La única fuerza negativa que actúa en contra de una persona es su propia terquedad para cambiar, escuchar o adaptarse.

-A. Quatroni

Cuando cometa un error, archívelo con todos los demás que haya cometido en su vida. Cuantos más errores presente para referencia futura, menos cometerá.

-A. Quatroni

La injusticia en cualquier lugar es una amenaza para la justicia en todos los lugares.

-Martin Luther King Jr.

La medida de una sociedad se puede medir por la forma en que trata a sus prisioneros.

-Dostoyevsky

INTRODUCCIÓN

Durante los próximos 5 años, más de 600.000 hombres y mujeres serán liberados de nuestras prisiones y volverán a la sociedad. De ese número, la investigación actual sugiere que dentro de tres años más del 50% regresará a prisión como resultado de una violación de la libertad condicional, una violación de la supervisión posterior a la liberación y / o por cometer un nuevo delito.

Por lo tanto, el autor tiene la esperanza que a través de la distribución y el uso de este planificador, hombres y mujeres aumenten sus posibilidades de lograr una transición exitosa de regreso a la sociedad en general.

¡NO SEA SÓLO OTRA ESTADÍSTICA! ¡HAGA ALGO CON SU VIDA!

Esta guía contiene información que necesitará para facilitar su transición de regreso a la sociedad. Úsela bien.

Seamos realistas, el sistema penitenciario está diseñado para ayudarle a regresar a él. No queremos crear controversias o ser tildados como demasiado obstinados, pero es un gran negocio como cualquier otro, y mientras contribuya a este negocio, estará esperando a que regrese y perpetúe su supervivencia.

¿Por qué no intentar hacer algo que te ayude a mantenerte alejado de este gran negocio? Revisa esta guía, escucha a tu Oficina de Libertad Condicional, haz lo que te digan y mantente libre y fuera del sistema penitenciario.

Existen varias "Guías de liberación de prisiones", muchas de las cuales son muy exageradas y están llenas de información que probablemente nunca usarás. ¡Solo sirven para estresarte! Esta guía, *Después de la Prisión, Una Forma de Triunfar* (*After Prison, A Way To Succeed*), es simple de seguir, concisa, y no te abrumará con tanta información que tu capacidad de atención se vea afectada.

Estamos bastante seguros de que si sigues las instrucciones que establece esta guía, estarás en camino a una vida exitosa, productiva y libre, sin la preocupación de volver a prisión.

No vamos a darte cientos de direcciones para que investigues, no vamos a predicar, y no vamos a tratarte como a un niño. Te indicaremos la dirección correcta y luego el resto depende de ti.

> *¡MANTENERLO SIMPLE ES LA CLAVE DE TODO! SI MANTIENES TU VIDA SIMPLE, ¡NADA PUEDE COMPLICARLA!*

Esta guía asume que has tomado la decisión absoluta de no volver a prisión. Puedes leer esto tan pronto como estés encarcelado, en algún lugar del camino, o justo al final antes de ser liberado.

Asumimos también que te has establecido en un lugar para alojarte tras la liberación. Puede ser un hogar, un refugio o casa de un pariente cercano. Este libro te ayudará a conseguir un trabajo, a poner en orden los documentos necesarios y te dará un lugar donde guardar tu información y tu historial de liberación. Te ayudará a mantener el ritmo y te proporcionará una "parada en boxes" a veces para medir tu progreso para convertirte en una persona totalmente libre.

Lee este libro y no te metas en el sistema.

Recuerda que cada día fuera, por muy malo que parezca, sigue siendo mejor que el mejor día que puedas estar en la prisión.

PRÓLOGO

En todo el sistema penitenciario de Estados Unidos, los programas de administración de prisiones se esfuerzan por preparar a los hombres y mujeres encarcelados para su puesta en libertad en la sociedad.

En la actualidad, cuesta más de 50.000 millones de dólares al año albergar a más de un millón de hombres y mujeres, y la financiación de los programas de reinserción es mínima, sobre todo teniendo en cuenta que nuestra nación ha pasado de la rehabilitación al almacenamiento.

Nuestros gurús de la política parecen tener una mentalidad de "tirar la llave", ignorando la realidad de que una gran mayoría de las personas anteriormente encarceladas serán liberadas algún día. En consecuencia, muchas personas están menos preparadas para tener éxito al salir de la prisión, porque tienen el estigma de una sentencia de prisión, así como su problema original, sea cual sea (drogas, violencia, etc.).

> *EL ESPÍRITU CREATIVO ES LA FUENTE DE ENERGÍA MÁS DESAPROVECHADA*

Las habilidades viables a la par de la sociedad de servicios del siglo XXI simplemente no se ofrecen en el entorno de la prisión. Los programas de formación profesional no existen o están terriblemente anticuados.

Además, los programas de educación superior, como la universidad, que antes estaban disponibles para los presos, han sido eliminados desde que el Congreso eliminó las becas Pell en todo Estados Unidos.

Los programas universitarios y de trabajo financiados con fondos privados funcionan a través del programa Hudson Link de educación superior iniciado en Nueva York hace unos 25 años. La tasa de reincidencia es inferior al 1% de los asistentes y su regreso a casa.

Todo esto forma parte del cambio de la mentalidad de rehabilitación a la de depósito. La prisión ya no será un lugar en el que una persona que ha cometido un delito pueda realmente pagar su deuda con la sociedad saliendo como una persona cambiada y "mejorada", a menos que esos reclusos inicien ellos mismos ese cambio. Con frecuencia, salen en peores condiciones.

En particular, los programas penitenciarios se quedan cortos a la hora de preparar a los hombres y mujeres para su eventual puesta en libertad. Pocas prisiones cuentan con planes de liberación válidos que ayuden a encontrar vivienda, empleo, fuentes de información variadas y, lo que es más importante, sistemas de apoyo. Como resultado de lo anterior, la mayoría de los presos están destinados a fracasar al salir de la prisión y a perpetuar la estructura de reincidencia que les espera.

> *PARA TENER ÉXITO RECUERDA UTILIZAR TODA LA INFORMACIÓN QUE ENCUENTRES.*

Esta guía no es simplemente para leerla, sino para *utilizarla*. Hay espacios que puedes rellenar con información que necesitarás antes o después de la liberación. Puedes empezar a utilizarla ahora, de modo que cuando estés en libertad puedas seguir utilizándola como planificador, recordatorio y fuente de datos.

En la parte posterior de la guía, encontrarás un lugar donde puedes hacer que un empleador potencial coloque su firma y así podrás dar cuenta de tus intentos de obtener un empleo. Si tu agente de libertad condicional te pregunta si estás buscando un trabajo, puedes demostrarle que lo estás haciendo, en lugar de que simplemente se fíe de tu palabra. Se responsable y coherente.

> *NO SEREMOS JUZGADOS POR LA PUREZA DE NUESTRAS ACCIONES, SINO POR LA INTEGRIDAD DE NUESTROS COMPROMISOS.*
>
> *BILL WEBER*

CAPÍTULO 1
Dónde, Cuándo y Cómo Empezar

La mayoría de los presos creen que una vez que salen de la prisión empiezan a ocuparse de la reinserción en la sociedad. Esto es una falacia: los sabios te dirán que los preparativos para salir de la prisión comienzan el *primer día de tu arresto*.

Para muchos presos, la sentencia determinada es la norma hoy en día, por lo que los presos saben la fecha exacta en la que serán liberados, salvo cualquier consecuencia imprevista como una acción disciplinaria que suponga un cambio.

> *EMPIEZA A PLANIFICAR AHORA*

Una y otra vez, el comportamiento en la prisión es un indicador claro de si una persona tendrá éxito al salir de prisión o fracasará pronto. Si se pasa todo el tiempo viendo la televisión y jugando a las cartas, entonces ya está en el camino del retorno. Depende de ti.

Así las cosas, la mayoría de los presos pueden planificar su liberación. Comienza ahora rellenando las fechas que aparecen a continuación para recordarte a ti mismo, en función de la condena que tengas.

> **FIJAR LA FECHA DE LIBERACIÓN:**
>
> _____
>
> **LO ANTES POSIBLE**
> **FECHA DE LIBERACIÓN:**
>
> _____

Seis meses antes de la fecha de liberación es un buen momento para empezar a preparar y utilizar esta guía y planificador. Esta es una sencilla lista de comprobación para comenzar el proceso de preparación de tu liberación.

Te sorprenderá la cantidad de cosas que puedes tachar de la lista en muy poco tiempo. Además, te dará una "esperanza visual" y la confianza de que estás avanzando en la dirección correcta hacia tu transición exitosa a la sociedad.

> *LAS PERSONAS INTELIGENTES APRENDEN DE LOS ERRORES QUE COMETEN,*
> *LA GENTE SABIA APRENDE DE LOS ERRORES DE LOS DEMÁS.*

Una lista de necesidades de liberación

Estas son las cosas que deberías tener antes o en el momento de la liberación. Márcalas a medida que las obtengas:

____ Agenda de direcciones/Listas de Números de Teléfono
____ Certificado de Nacimiento
____ Plan Presupuestario
____ Certificados/ Títulos
____ Informe de Crédito
____ Documentos Militares DD-214
____ Licencia de Conducir (Y Revisión del Registro del DMV)
____ Historial Médico
____ Lista de Medicamentos
____ Plan de Libertad condicional
____ Hoja de Rap
____ Lista de Recursos
____ Currículum Vitae
____ Objetivos y Plan a Corto/Largo Plazo
____ Tarjeta de la Seguridad Social
____ Gestión del Tiempo

Si tu delito implicó drogas o si tienes un historial de consumo de drogas, también debes tener lo siguiente:

____ Programas para pacientes Internos y Externos en su zona
____ Lista de lugares de reunión de 12 pasos cercanos
____ Grupos de apoyo Obligatorios a los que asistirá

CAPÍTULO 2
Cómo Conseguir los Documentos Necesarios

Libreta de direcciones – Todo el mundo debería tener una libreta de direcciones y números de teléfono para tener a mano sus direcciones y números de teléfono vitales. Puede ser un pequeño bloc de notas o un bonito libro de papel de línea encuadernado en cuero por el que puedes gastar algo de dinero en una papelería. Si asistes a reuniones de A.A. o N.A., es bueno tener una libreta con números de teléfono a los que puedas llamar si tienes algún problema. Consigue una o utiliza una hoja de papel aparte o un bloc si es necesario.

Certificado de nacimiento – Es importante tener una copia de tu certificado de nacimiento. Si no la obtuviste mientras estabas encarcelado a través de un Centro de Servicios de Transición o equivalente, puedes obtenerla escribiendo al Departamento de Salud local.

Plan de presupuesto – Cuando consigas un trabajo y empieces a ganar un sueldo o incluso si ya tienes algo de dinero ahorrado al salir de la prisión, es una buena idea tener un plan de presupuesto. Determina tus costes de vida para semana, que incluirán la comida, la vivienda, el transporte, la ropa y cualquier otro gasto que puedas tener para esa semana y súmalo. Dedúcelo de tu sueldo para esa semana y asegúrate de que te queda suficiente en caso de una circunstancia imprevista, como una avería del coche que haya que reparar. Cuando te establezcas y empieces a cobrar regularmente, asegúrate de que la comida, el alquiler (si lo hay), los servicios públicos (gas y electricidad) y cualquier seguro del coche u otra factura crítica se pagan al principio.

Estas facturas mensuales van a estar en tu plan presupuestario de forma permanente, a menos que te mudes, o que algo cambie en tus gastos mensuales de vida. Asegúrate de establecer un plan presupuestario que te permita ahorrar para estos pagos mensuales con tu cheque semanal o quincenal y pagarlos primero, dejando lo suficiente para la comida y la ropa.

Certificados/títulos – Son importantes si has obtenido un GED de la escuela secundaria o un título universitario mientras estabas encarcelado. Además, los certificados profesionales que hayas obtenido deben guardarse en un lugar seguro. Todo esto te ayudará a conseguir un trabajo y, en algunos casos, los empleadores te contratarán basándose en tu experiencia, independientemente de tus antecedentes penales, si eliges el empleador adecuado y eres honesto con él. Si tienes un título o certificado anterior, tendrás que escribir a la escuela o universidad donde lo obtuviste y solicitar una copia.

Informe de crédito – En los tiempos que corren, es vital que obtengas un informe de crédito para ti. Ha habido casos en los que personas desprevenidas han hecho que otros utilicen sus números de Seguridad Social, obtenidos ilegalmente, para obtener tarjetas de crédito y comprar cosas sin pagarlas. Si esto te ha ocurrido, nunca lo sabrás a menos que obtengas un informe de crédito sobre ti mismo.

Los tres principales centros de informes a los que puedes llamar para obtener sus formularios por correo son:

EQUIFAX – 1-800-685-1111 o www.equifax.com

TRANSUNION – 1-877-322-8228 www.transunion.com

EXPERIAN – 1-888-397-3742 o www.experian.com

Mantente atento a los cambios en tus informes de crédito. Puede que alguien esté utilizando tu número de Seguridad Social o tu número de tarjeta de crédito para hacer compras que al final pagarás tu.

Un consejo: puedes ponerte en contacto con cada agencia de informes crediticios una vez al año, así que si repartes tus solicitudes de informe crediticio a una de estas agencias cada cuatro meses, siempre podrás tener un informe actualizado. Esto te ayudará a averiguar rápidamente si alguien puede estar utilizando tu crédito con fines fraudulentos.

DD-214 (Expediente de Servicio Militar) – Si has servido en el ejército, deberías tener una copia de tu expediente de servicio. Si no la has obtenido mientras estabas encarcelado, normalmente puedes ir a un centro de reclutamiento local y te darán el formulario para que lo completes. En el formulario, te indicarán la dirección a la que deberás enviar el formulario para obtener la hoja de servicios requerida, ya que es diferente si estuviste en el Ejército, la Marina, las Fuerzas Aéreas, los Marines u otras ramas del ejército.

Permiso de Conducir – Cada estado tiene un Departamento de Vehículos Motorizados (DMV). Ellos podrán proporcionarte un registro impreso de cualquier multa o suspensión no pagada de tu licencia. Para conocer el estado de tu licencia, escribe al Departamento de Vehículos Motorizados del estado donde la obtuviste y pide un resumen. Una vez que recibas el resumen, podrás empezar a considerar los pasos que debes dar para aclarar las multas pendientes o determinar lo que habrá que hacer para restablecer tu licencia a un estado válido. Si no tienes una licencia, y nunca la has tenido, tendrás que ir a tu oficina local del DMV para determinar qué tipos de identificación necesitarás, y qué pasos tendrás que dar para obtener una licencia. Al ser liberado, la mayoría de los oficiales de libertad condicional (P.O.) no te permitirán conducir durante los primeros 6 meses, aunque en algunos casos si te permitirán conducir. Dependiendo de tu situación, tendrás que aclarar esto con tu P.O. antes que nada. Recuerda esto: Puede buscar el DMV local en la guía telefónica o en la web.

Historial Médico: antes de la liberación – Si estás tomando algún tipo de medicación o tienes algún problema de salud, debes solicitar copias de tu historial médico. Es posible que tengas que pagar por las copias de tu historial médico, pero es fundamental que las tengas para que, si ves a un médico en el exterior, puedas dárselas y le ahorres mucho tiempo en tu caso. Para obtener los registros de un hospital específico en el que hayas sido tratado, tendrás que conseguir la dirección de ese hospital y escribirles.

Lista de Medicamentos: Esto va de la mano con la obtención de tu historial médico. Si tomas medicamentos, especialmente los cruciales como los del VIH o los de la presión arterial, haz siempre una lista de ellos y llévala contigo. Si te ocurre algo, los médicos podrán tomar medidas para asegurarse de que no te den nada que pueda causar una reacción adversa a otros medicamentos que puedas estar tomando.

Si eres diabético o tienes problemas de salud graves, estudia la posibilidad de conseguir un brazalete Medic-Alert, que facilitará aún más a los médicos la determinación rápida de tus necesidades si no puedes comunicarte con ellos.

Plan de Libertad Condicional: Deberías haber escrito un plan detallado de libertad condicional antes de ser liberado. En algunos estados, debes hacerlo antes de ser liberado. Debes establecer tu plan diario, el cual se describe en otro capítulo de esta guía, que puedas seguir diaria y/o mensualmente. Sin un plan, estarás básicamente perdido cuando seas liberado. ¡Haz uno ahora!

Hoja de Ruta: Siempre debes obtener una copia de tu hoja de antecedentes penales, especialmente si tienes más de un arresto. Frecuentemente, en tu hoja de antecedentes penales se anotan arrestos que no resultaron en una condena. En algunos casos, es posible que puedas arreglar esas cuestiones. Por ejemplo, si tu arresto fue "sellado a favor del acusado", ese arresto sólo se mostrará a ciertas agencias que soliciten tu hoja de antecedentes penales. Si encuentras un error en tu hoja de antecedentes penales, se incluye un formulario para que puedas impugnar una entrada. También es posible que tengas una hoja de antecedentes penales de otro estado o federal. Si es así, tendrás que escribir al Departamento de Servicios de Justicia Penal del estado, y también al federal. Estas direcciones difieren de un estado a otro, y (lamentablemente) no se pueden incluir todas aquí. Sin embargo, esto le dará una idea.

Si deseas obtener una **Hoja de Datos Federales**, escribe a:

> **Oficina Federal de Investigación**
> Pennsylvania Avenue at 9th St. NW
> Washington DC 20535

Lista de Recursos: Existen muchas listas de recursos para los reclusos. Debes elaborar una lista con todos los recursos que encuentres durante tu encarcelamiento. Si no lo haces, hay muchos recursos disponibles a través de los Centros de Servicios de Transición. Normalmente, si acudes a la Oficina de Servicios Sociales de tu localidad, tendrán panfletos y listas de recursos para ex reclusos y para quienes busquen vivienda, empleo y otros servicios. Muchos centros llevan folletos que puedes consultar con listas de recursos. La conclusión es que si eres sincero en cuanto a obtener la ayuda que necesitas, siempre podrás encontrar recursos y organizaciones que estén dispuestas a ayudar. Si estás dispuesto a trabajar, la mayoría están más que dispuestos a ayudar.

Currículum: Algunos estados exigen la asistencia a un programa en el que crearás un currículum y un plan de liberación antes de ser liberado. Si este no es el caso en

tu estado, deberías tener un currículum de aspecto profesional' elaborado para enviarlo a posibles empleadores.
El Apéndice tiene una sección para la elaboración de currículos y cubre el aspecto que debe tener un currículo y lo que debe incluir.

Objetivos a Corto/Largo Plazo: Debes escribir una lista de objetivos a corto y largo plazo. Esto te proporcionará algo por lo que trabajar y una sensación de logro cuando fijes un objetivo a largo plazo u obtengas un empleo remunerado en "una semana" como objetivo a corto plazo. No pongas objetivos demasiado altos, más bien se realista. Si ya estás viviendo en un cómodo apartamento, no hagas que uno de tus objetivos sea "Tener una casa dentro de seis meses". Se realista con tus objetivos. Con el tiempo los alcanzarás si te tomas tu tiempo y eres paciente. Recuerda que la prioridad es mantenerte fuera de la prisión.

Tarjeta de Seguridad Social: Puedes obtenerla a través de un centro de preliberaciones o de servicios de transición de tu prisión. También puedes obtenerla escribiendo a la dirección de la Administración de la Seguridad Social. El consejero de tu prisión o el centro de preliberación tendrán esa información para ti. Si nunca has tenido una tarjeta de Seguridad Social, deberías obtenerla lo antes posible. Aunque la prisión no te permitirá tener la tarjeta en sí, la guardarán en tu propiedad personal hasta que seas liberado.

Registro de Votantes: Si quieres restablecer el derecho al voto, como ciudadano después de haber cumplido la libertad condicional y la condena, cada estado tiene diferentes requisitos. Algunos estados restablecerán automáticamente tus derechos de voto; otros estados como Florida requieren papeleo adicional por parte de los tribunales y añaden costes por la copia de documentos, el registro, etc. Investiga el estado en el que te encuentras y el estado al que puedes mudarte. Cada estado es diferente, y las normas del estado serán las que se sigan. Existe un mandato federal para restablecer tus derechos; los estados individuales pueden hacer y hacen regulaciones adicionales. El papeleo necesario para restaurar tus derechos de voto es un documento judicial que declara claramente que haz cumplido completamente tu tiempo de encarcelamiento, incluida la libertad condicional; que ahora eres un ciudadano libre. El sistema es terriblemente lento a la hora de reconocer esto, así que asegúrate de tener este papeleo de los tribunales, de la prisión y/o del agente de la libertad condicional. Si no tienes libertad condicional, consigue esto antes de salir de la prisión. Regístrate para votar. No puedes ser escuchado sin usar la voz. Votar es una forma de usar tu voz y ser escuchado.

Plan de Gestión del Tiempo: Afrontémoslo, cuando salgas en libertad, te darás cuenta de que no tienes tiempo para las cosas que quieres hacer. Crea un plan de gestión de tu tiempo. Podría ser algo así:

Si tienes un trabajo	*Y si no lo tienes*
8:00am – Ir al Trabajo	6:30am – Despierte
4:00pm – Ir a Casa	7:00am – Desayuno
4:30pm – Cena	7:30am – Búsqueda de Trabajo
5:30pm – Gimnasio	12:00pm– Almuerzo
7:00pm – Casa	12:30pm–Búsqueda de Apt.
	5:00pm – Ir a casa / Búsqueda de Trabajo

Por supuesto, estos son ejemplos, y tu horario probablemente será diferente. Pero si tienes un horario, entonces estarás más organizado y consciente que alguien que no lo tiene. Llega siempre a casa a tiempo si tienes un toque de queda.

La Ley de Libertad de Información (FOIA): Esta ley te facilitará la obtención de tus documentos personales y vitales.

Todo ciudadano de los Estados Unidos puede obtener documentación del Gobierno Federal si es de dominio público, a menos que suponga una invasión de la privacidad de otra persona.

Además, la mayoría de los estados, si no todos, tienen una contrapartida federal a esta ley comúnmente llamada Ley de Libertad de Información (FOIL). En la mayoría de los casos, cualquier documento de naturaleza pública es accesible al público, salvo lo mencionado anteriormente--si la información invade la privacidad de otra persona.

Por lo tanto, casi todos los documentos relacionados contigo personalmente son accesibles para ti, a menos que estén exentos por una sección específica de la ley. A fin de prepararse para una transición exitosa a la comunidad, se recomienda asegurar los documentos que no tiene (véase la lista anterior en las páginas 18 y 19).

A continuación, se enumeran los documentos que deberás solicitar al secretario del tribunal en el que fue condenado:

___ Informe(s) de Arresto
___Papeles de compromiso
___Acusación(es)
___Declaración(es) del Juez/Fiscal de Distrito
___Acuerdo(s) de la demanda
___Actas de la sentencia/actas del juicio

CAPÍTULO 3
Preparación de la Liberación

*** Aquí están la mayoría, si no todas las cosas que deberías adquirir o pensar al menos seis meses antes de tu liberación:

Seis Meses de Preparación en el Interior:

___Certificado de nacimiento
   Informe de crédito
___Rutina diaria/hábitos
___Documentos necesarios/planificación del presupuesto
___Licencia de Conducir/Boletos No Pagados
___Posibilidades de Empleo
___Fuentes de financiación
___Posibilidades de alojamiento
___Historial médico/ Acondicionamiento físico
___Papeles varios, si los hay
___Planificación de objetivos realistas
___Tarjeta de la Seguridad Social/Impresión de prestaciones
___Gestión del tiempo
___Órdenes de arresto/ Certificados de disposición/ Hoja Rap

*** Estas son algunas de las cosas en las que debes trabajar para tu primer día de salida mientras estés en prisión.

Preparación de la Liberación del Primer Día en el Interior:

___ Citas Billete de autobús/transferencia fuera del estado
___ Cobro del cheque de liberación
___ Mantenimiento de niños
___ Anuncios clasificados/ Ofertas de empleo
___ Acceso a internet (bibliotecas, centros de trabajo, etc.)
___ Ropa
___ ¿Tienes teléfono?
___ Asesoramiento sobre drogas/ AA/ NA
___ Entretenimiento
___ Visitas familiares
___ Gastos del primer día
___ Objetivos del primer día
___ Pensamientos del primer día
___ Identificación
___ Cuestiones legales
___ Necesidades médicas/ Tarjeta Medicaid/ Seguro médico
___ Libreta de notas/Direcciones/Números de Teléfono/Contactos
___ Tarjeta del metro
___ Ropa de libertad condicional
___ Recogida en las instalaciones
___ Lugar para vivir
___ Nombre de la OC/ Entrevista/ Lugar/ Hora/ Hora de llegada
___ Paquete resumen
___ Apoyo Espiritual/ Iglesia/ Mezquita/ Sinagoga

*** Estas son cosas que debes abordar alrededor del segundo día después de tu liberación, después de que hayas tenido un día o más para reacomodarte a estar fuera de la prisión.

Segundo día... Cosas para recordar:

- Rendición de cuentas sobre mi paradero, horarios, etc.
- Desayuno/Comida/Cena
- Revisión diaria – Logros – Plan para mañana.
- Levantarse y salir – ¡mantenerse ocupado!
- Buscar empleo – Rellenar solicitudes
- Registrar mis movimientos y lugares visitados
- ¿Adónde voy? ¿Qué estoy haciendo hoy?

*** Estas son las cosas que debes tratar de realizar durante la primera semana de tu puesta en libertad, unos días después de haberte sentido algo cómodo con su salida de la prisión.

Objetivos de la Primera Semana

- Apartamento
- Necesidades médicas continuas/estado de VIH
- Asuntos familiares
- Comida
- Conseguir un grupo y un padrino – AA/NA u otro
- Conseguir un trabajo
- Tener una relación con su PO
- Lavandería

- Grabación del libro de notas. ¡Guardar todo!
- ¿Relaciones?
- Escolarización
- Fines de semana – ¿Cómo los vas a manejar?

Recuerde, ¡*no se abrume!* Estos recordatorios y puntos de control sólo están aquí para decirte que estas son las cosas que tendrás que tener en cuenta y repasar antes y después de ser liberado. **¡Repásalas ahora!**

Tienes que asegurarte de que conoce estas cosas antes de salir a la calle porque algunas personas, especialmente las que han estado encerradas durante mucho tiempo, no saben en qué se meten al salir. ¡Es un mundo cambiante allá afuera!

Es fácil tener un horario diario y que tu vida sea gobernada por otros mientras estás en la prisión. Es cuando sales en libertad cuando tienes que tomar las riendas y hacer todas estas cosas por ti mismo. Pocas personas y organizaciones te ayudarán a menos que estés dispuesto a ayudarte a ti mismo.

¡Debes crear tu propio futuro!

Preparación de la Liberación

Piensa en estas cuestiones antes de la fecha de liberación:

¿Dónde vas a quedarte?

_____

¿Con quién vas a quedarte?

_____

¿Dónde vas trabajar?

_____

¿A qué programa(s) vas a asistir?

_____

¿Dónde está tu Oficina de Libertad condicional más cercana?

_____

¿Cuándo es tu día de presentación de informes de libertad condicional?

_____

¿Está todo el papeleo en orden? _____ (compruébalo)

¿Tienes una identificación válida? _____
(Consíguela)

¿Tienes transporte a casa? _____ (Consíguelo)

¡¡¡¡Si no tienes los documentos o la información que necesitarás ese primer día: consíguelos o averigua cómo conseguirlos!!!!

El Día de la Liberación:
Cosas a Tener en Cuenta:

Ahora bien, aquí hay algunas cosas a las que deberás prestar atención:

La gente: Los que saben que vas a ser liberado no siempre tienen en cuenta tus mejores intereses. Pueden pensar que es el momento de "celebrarlo". Es fácil que vuelvan a consumir su droga preferida o que se emborrachen lo suficiente como para hacer algo que te devuelva a la prisión el primer día.

Si te relacionaste con personas que traficaban con drogas antes de ir a la prisión, pueden pensar que ahora has salido y que está bien volver a formar parte de ese estilo de vida. Eso sólo hará que te arresten de nuevo. Haz nuevos y mejores amigos.

Lugar: Si tienes que volver al mismo barrio, no tienes por qué hacer las mismas cosas que estabas haciendo y que hicieron que te arrestaran. Si vives en una zona de alta criminalidad, sólo tendrás que ser más diligente para mantenerte alejado de la negatividad.

Recuerda que salir a los bares o clubes nocturnos es normalmente una violación de tus condiciones de libertad condicional. Pasar el rato con un grupo de personas en la calle que están traficando o consumiendo drogas, incluso si no estás involucrado, ¡puedes conseguir fácilmente una violación o ser arrestado!

Si tienes una Orden de Protección en tu contra no vayas al lugar que esa orden designa. No sólo violarás la libertad condicional si alguien llama a la policía por ti, ¡sino que recibirás un cargo de desacato al tribunal por estar allí!

Cosas: Hay muchas cosas con las que debes tener cuidado el día de la liberación. Es posible que hayas tenido un "alijo" de drogas en algún lugar cuando fuiste arrestado y que todavía estén allí, o que alguien te esté "guardando" algo. Si vas a ver a tu agente de libertad condicional y te piden una muestra de orina y estás contaminado, podrías obtener una violación incluso antes de intentar empezar con buen pie.

Si has consumido drogas, es posible que tengas parafernalia en casa. Si es así, ¡haz que alguien se deshaga de ella antes de llegar! O puede que tengas pistolas o cuchillos en casa. ¡Haz que se deshaga de ellos antes de volver a ese entorno! Si tienes un delito grave y te pillan con un arma, es una violación automática y una nueva condena hoy en día. Una excepcionalmente larga.

Si lo que te llevó a la prisión fue una discusión con cierta persona, y esa persona todavía vive en tu edificio o barrio, tendrás que evitarla o intentar que te cambien la dirección de tu libertad condicional. Una pelea con ellos te llevará de nuevo a la prisión, a menudo acompañado con un cargo de agresión violenta.

Aunque el alcohol es legal, en la mayoría de los casos, una de las condiciones de tu libertad condicional es: "No consumiré alcohol". Pues bien, como es un término de tu libertad, ¡no lo hagas! Si tu agente de la libertad condicional huele el alcohol en ti, puede pedirte una prueba de alcoholemia. Si sales positivo, espera una infracción.

A veces las cosas que parecen más inocentes pueden causar problemas. Estar fuera de tu casa después del toque de queda, poseer un cuchillo o un cúter, conducir un vehículo o beber una sola cerveza o un vaso de vino son algunos ejemplos. Si tu PO te ve o descubre **PUEDE HACER QUE TE ENVÍEN DE NUEVO A LA PRISIÓN.**

CAPÍTULO 4
Informes de Libertad Condicional

El informe sobre la libertad condicional es el asunto más importante del que debes preocuparte. Esto se debe a que, como probablemente ya sebes, la libertad condicional tiene la autoridad para enviarte de nuevo a prisión.

Debes presentarte en la oficina local de libertad condicional lo antes posible tras tu liberación. Y si se detiene en la oficina local de libertad condicional incluso antes de parar en casa y les hace saber que lo ha hecho, puede que incluso se gane una pequeña muesca en la forma de respeto de nuestra Oficina de Libertad Condicional.

La mayoría de las veces una persona es enviada de vuelta a la prisión por una violación, porque hizo algo malo. No es culpa de la OP. No seas una de las estadísticas; la mayoría de los Agentes de la Libertad Condicional tienen un trabajo lo suficientemente difícil sin necesidad de papeleo adicional.

No les des una razón para violarle. Si lo está haciendo todo bien y parece que su PO se está metiendo con usted, pida ver a un supervisor y explíquele la situación.

Si lo estás haciendo mal, tendrás que enfrentarte a las consecuencias de tus actos tarde o temprano y no culpes a tu PO si te delata por violar tu libertad condicional.

Debes recordar que la División de Libertad Condicional lo ha visto y oído todo, así que dar historias elaboradas no les impresionará lo más mínimo. Lo que buscan es el resultado. Si estás haciendo lo correcto, el tiempo de tu libertad condicional sucederá sin problemas y apenas notarás el paso del tiempo.

El respeto es la clave cuando se trata de la libertad condicional. Tu agente de libertad condicional es un ser humano, no un robot antipático, y se puede tratar con él en términos humanos. Si eres sincero con ellos y les hablas como a un humano, entonces te tratarán de la misma manera. Cualquier trato contrario a esto, especialmente si estás haciendo lo correcto, debe ser reportado a su supervisor de la manera más calmada posible.

Con el tiempo, es posible que se te considere inactivo, momento en el que no tendrás que informar más y sólo tendrás que llamar una vez a la semana o al mes para informar a tu agente de libertad condicional cómo te encuentra.

Debes ser capaz de dar cuenta de tu paradero en todo momento y asegúrate de cumplir con las condiciones de tu libertad condicional.

Si tienes un toque de queda, vuelve a casa antes de que termine, y si no debes frecuentar ningún establecimiento en el que se sirva alcohol, ¡aléjate de ellos! ¡Es sentido común!

No te pongas en contacto con otros presos en libertad condicional, ya que esta es una regla cardinal de la libertad condicional. Si ves a alguien que conociste en la prisión, saluda y despídete, sigue adelante. Si un preso en libertad condicional es un familiar, asegúrate de que tu agente de libertad condicional lo sepa.

Si obtienes un permiso de tu OP para ir a otro Estado de vacaciones, o para salir de vacaciones durante varios días o semanas, consíguelo por escrito. Si no lo haces, no tendrás ninguna prueba documentada de que fue aprobado.

De hecho, consigue todo por escrito de tu OP si puedes. Esto puede ayudarte algún día. Si eres diligente en todo lo que haces cuando estás fuera de tu casa (y a veces dentro de ella), tendrás éxito en completar la libertad condicional.

CAPÍTULO 5
Un Ejemplo de Programa de Liberación

Este es un ejemplo de un programa de liberación exitoso.

Al final de este ejemplo deberás crear el tuyo propio. Te sugiero que lo utilices como plantilla para guiarte en la dirección correcta. No tienes que hacer todo lo que se muestra aquí. Sólo haz lo que sea relevante para ti.

CORTO PLAZO
<u>Primera Semana</u>
1) Informar y establecer una relación positiva con la OP
2) Vivir con un miembro de la familia
3) Acudir al Departamento de Vehículos Motorizados (Department of Motor Vehicles). Solicitar una tarjeta de identificación de licencia de no conductor
4) Presentarme en los Servicios Sociales y solicitar Medicaid y prestaciones
5) Establecer con la OP una entrevista con un programa aprobado contra las drogas y la violencia
6) Hacer un seguimiento de la próxima fecha de libertad condicional. (Colócala en el calendario)

EMPLEO

Segunda Semana

1) Programar con una organización una entrevista con Career Gear, para recibir un vale para conseguir ropa para una entrevista de trabajo
2) Obtener copias de mi currículum y de mi carta de presentación
3) Acudir al Departamento de Trabajo y solicitar asistencia para la búsqueda de empleo y el trabajo.
4) Solicitar en el Departamento de Trabajo el formulario W.O.T.C., que concede al empleador una deducción fiscal de 3.000 dólares por contratarme después de 90 días. También, el formulario de fianza federal, que me asegura hasta 5.000 dólares durante el primer año de empleo
5) Conseguir un trabajo que me sostenga hasta que pueda conseguir uno en mi campo
6) Asistir a reuniones ambulatorias diarias o nocturnas de AA/NA
7) Hacer un seguimiento de mi próxima fecha de libertad condicional (Colóquela en el calendario)

PLAN FINANCIERO

Tercera Semana

1) Iré al banco y abriré una cuenta de ahorros. Cada día de pago depositaré un mínimo de 10 dólares, si es posible.
2) También abriré una cuenta corriente gratuita el mismo día, y la utilizaré para pagar facturas y transferir dinero a mi cuenta de ahorros
3) Empezaré a establecer una línea de crédito solicitando en Macy's una tarjeta de crédito. También solicitaré una tarjeta de crédito de Capital One. Las utilizaré una vez al

mes durante 6 meses. Pagaré la totalidad del saldo para disminuir las tasas de interés mensuales
4) Seguiré asistiendo a las reuniones ambulatorias de AA/NA diarias o nocturnas
5) Seguiré mi próxima fecha de libertad condicional (Colócala en el calendario)

Cuarta Semana
1) Centrar y reforzar todas las actividades en torno a mi toque de queda
2) Conseguir un pequeño apartamento con un alquiler bajo
3) Notificar a mi consejero de drogas ambulatorias mi interés en V.E.S.I.D (Servicios Vocacionales y Educativos para Individuos con Discapacidades)
4) Seguir trabajando y ahorrando dinero
5) Asistir a las reuniones diarias o nocturnas de AA/NA en régimen ambulatorio

90 DÍAS DESPUÉS DE LA LIBERACIÓN

1) Ya puedo solicitar la formación técnica V.E.S.I.D.
2) Decidir qué carrera quiero seguir.
3) Decidir si asistir a la formación a tiempo completo o parcial. Dependerá del horario de la escuela y de la situación financiera, incluido el dinero que haya ahorrado.
4) Seguir asistiendo a las reuniones diarias o nocturnas de AA/NA en régimen ambulatorio
5) Dar seguimiento a mi(s) fecha(s) de reporte de libertad condicional y registrarlas

6 MESES DESPUÉS DE LA LIBERACIÓN

1) Me graduaré de mi programa de 6 meses para pacientes externos por drogas
2) Mantendré mi concentración y estudiaré en mi formación profesional a tiempo parcial
3) Seguiré trabajando a tiempo parcial para pagar mi alquiler y mis facturas
4) Solicitaré a la OP la oportunidad de obtener una licencia de conducir
5) Asegurarme de que si solicito un cambio en el toque de queda tengo razones válidas
6) Continuar asistiendo a las reuniones diarias o nocturnas de AA/NA y a los programas de autoayuda
7) Mantener un registro de todas las fechas de mi libertad condicional

1 AÑO DESPUÉS DE LA LIBERACIÓN

1) Graduarme de un programa universitario o profesional
2) Seguir buscando un empleo a tiempo completo de una carrera
3) Establecer un crédito; tengo poder adquisitivo
4) Aumentar los depósitos de ahorro semanales a medida que se desarrolla mi carrera
5) Continuar asistiendo a las reuniones ambulatorias diarias o nocturnas de AA/NA y a los programas de autoayuda
6) Registrar las fechas de libertad condicional y solicite informes mensuales

OBJETIVOS A LARGO PLAZO

1) Continuar asistiendo a las reuniones diarias o nocturnas de AA/NA y a los programas de autoayuda en régimen ambulatorio
2) Comenzar a salir con la pareja adecuada
3) Empezar una familia
4) Encontrar un hogar y comenzar un nuevo capítulo con una pareja que ame y una familia

UN HOMBRE O UNA MUJER SIN UN PLAN YA ESTÁ ATRASADO EN LA VIDA
****

SIN UN PLAN U OBJETIVOS, NO PUEDES ESPERAR TENER ÉXITO

Esta es la conclusión de los cinco primeros capítulos. El autor te ha dado muchos aspectos importantes sobre cómo tener éxito en la libertad condicional cuando sea liberado y romper el ciclo de reincidencia en los primeros cinco capítulos. Si no eres honesto contigo mismo, podrías tirar esta guía o dársela a alguien que esté dispuesto a dar los pasos necesarios para tener éxito.
Una persona que sigue haciendo las mismas cosas esperando un resultado diferente se engaña y está destinada al fracaso. Si has estado en la prisión antes y lo que hiciste la última vez no funcionó, ¡intenta algo diferente!

Admite que te estás embarcando en una búsqueda insensata que sólo te llevará a cumplir la vida en prisión en el plan de cuotas.

¡AHORA es el momento!

Deberías crear un plan como el ejemplo de las páginas anteriores. ¡¡Esto te ayudará a mantenerte estructurado y sabrás qué hacer y a dónde ir después sin tener que recordarlo siempre!!

INTERLUDO I
El Más Grande y el Más

Aquí hay un pequeño descanso de las cosas importantes. Si siempre tratas de vivir según estos ideales, deberás estar bien:

El hábito más destructivo	**PREOCUPARSE**
El mayor placer	**DAR**
La mayor pérdida	**PÉRDIDA DE AUTOESTIMA**

El trabajo más satisfactorio	**AYUDAR A LOS DEMÁS**
El rasgo de personalidad más feo	**AUTOESTIMA**
Las especies más amenazadas	**LÍDERES**
Nuestro mayor recurso natural	**NUESTRA JUVENTUD**

La mayor "inyección de energía"	**ALIMENTACIÓN**
El mayor problema a superar	**MIEDO**

La pastilla para dormir más eficaz	**TRANQUILIDAD**
El fracaso más estrepitoso	**EXCUSAS**
La fuerza más poderosa de la vida	**CREATIVIDAD**
La paria más peligrosa	**UN CHISME**

El ordenador más increíble del mundo	**CEREBRO HUMANO**
Lo peor es estar sin	**ESPERANZA**
El arma más letal	**LA LENGUA**
Las dos palabras más poderosas	**"YO PUEDO"**
El mayor valor	**FE**
La emoción más despreciable	**AUTOCOMPASIÓN**
El más bello atuendo	**UNA SONRISA**
La posesión más preciada	**INTEGRIDAD**
El canal de comunicación más poderoso	**ORACIÓN**
El espíritu más contagioso	**ENTUSIASMO**

INTERLUDO II
Mantener la energía positiva
(ESPERANZA)

La esperanza es la creencia en algo que aún no se ha realizado, pero que sin embargo estimula nuestra conciencia. Nosotros, por supuesto, tenemos la esperanza de que saldremos de la prisión, pero eso no significa que podamos hacer de madre para fomentar esa esperanza. La esperanza, como ves, está asociada a la acción.

La esperanza, como la energía, es dinámica

La voluntad de vivir tiene sus raíces en la acción. Si tenemos la esperanza de que mañana estaremos vivos para realizar algo o cualquier cosa, debemos comenzar con nuestros pensamientos. ¿Cuántas veces hemos oído hablar de personas que han perdido la esperanza de vivir cuando estaban enfermas y no es de extrañar que mueran con bastante rapidez?

Por otro lado, hay quienes están enfermos, pero tienen esperanza de vivir y muchas veces mejoran simplemente por esa esperanza. Esta esperanza que tenemos está arraigada en la acción (energía) de alguna fuerza invisible. Para muchos. Es la creencia en un Creador u otro Poder Superior benévolo. Alcohólicos Anónimos, y todos los demás grupos de 12 pasos, dictan que busquemos en un Poder Superior la esperanza de estar sobrios o libres de cualquier adicción o hábito que ese grupo aborde.

En muchos casos aparentemente sin esperanza, funciona.
¿Cuántos de nosotros hemos oído decir a la gente que espera ser feliz en la vida, y que creen que el dinero les dará la felicidad? Hay mucha gente rica que es infeliz; es un hecho conocido. No es que las personas felices vivan la vida de forma diferente a las infelices, pero el hecho es que las personas felices ven la vida de forma diferente. Tienen una esperanza consciente de que la vida será feliz de alguna manera para ellos. Con frecuencia es feliz--mucho más que para los que no creen en la esperanza.

Si digo que espero vivir hasta los cien años y luego no hago nada para ayudar a que esa esperanza se haga realidad, probablemente tendré muchas menos posibilidades de vivir hasta esa edad madura. Si una persona se engaña a sí misma de este modo, no puede creer realmente en la esperanza que tiene, a no ser que se limite a pronunciar las palabras.

Cuando las personas en prisión dicen que esperan no volver a la prisión después de ser liberadas, y no hacen nada para prepararse para esa esperanza, entonces simplemente están diciendo palabras vacías que en realidad no conllevan ninguna esperanza. Lo más probable es que vuelvan a la prisión, tambaleándose en su estado de desesperanza.

El acrónimo **ESPERANZA** significa:

MANTENER LA ENERGÍA POSITIVA.

Podemos ver el fundamento de la esperanza no sólo como algo que no se ve, sino también como algo que puedes ayudar a dar vida mediante una acción positiva.

El hogar está donde está tu corazón. No te dejes engañar por el brillo de los diamantes--¡incluso los falsos brillan con fuerza! Dependa de ti mismo. Las emociones son pobres amos pero buenos sirvientes. No permitas que tus emociones anulen su inteligencia.

NOTAS

_____

_____

_____

_____

COMIENZO DE LA SEGUNDA PARTE

Ahora puedes participar activamente en tu regreso a la sociedad con éxito, rellenando los espacios en blanco aquí en la segunda parte y poniendo por escrito tus activos (por ejemplo, educación y empleo). Puedes preparar ese primer día de salida y ponerte en el camino del éxito. Sin un buen trabajo, tendrás dificultades para "vivir bien" y puedes recurrir a la delincuencia para mantenerte. Conseguir un buen trabajo que te guste te dará una gran sensación de logro, además de permitirte vivir lo suficientemente bien como para disfrutar de la vida y comprar las cosas que te gustan.

Para conseguir un buen trabajo, necesitarás un buen currículum, y esta parte del libro te ayudará con eso y te dará algunos consejos sobre algunas cosas más con las que debes tener cuidado y que podrían hacerte volver a la prisión.

¡¡Buena suerte y que vivas Bien!!

CAPÍTULO 6
Preparación para el Primer Día

¡El Más Importante!

Ahora puedes crear tu propio perfil personal y plan de liberación utilizando esta guía. Esto te ayudará a hacerte una idea de tu situación.

¿Cuáles son tus objetivos (planes) cuando te liberen?
_____
_____

¿Cuáles son tus posibilidades de empleo cuando seas liberado?
_____
_____

Enumera cualquier habilidad Especial:
_____
_____

Estado familiar: ___Soltero ___Casado ___Divorciado

Número de hijos (si los hay): _____

Importe de la Manutención de los Hijos: $_____

Los siguientes son recordatorios. Por favor, márcalos si aplican y si no los has obtenido, ¡¡empieza a conseguirlos ahora!! Necesitarás estas cosas al ser liberado:

Antes de la liberación, ¿están estos documentos en tu expediente?

1. ___Certificado de nacimiento
2. ___Tarjeta de la Seguridad Social
3. ___Hoja de Vida
4. ___Resumen de Conductor
5. ___Historia médica
6. ___Informe de Crédito

7. ___Documentos militares
8. ___Currículum vitae

Antes de la liberación, ¿has obtenido?

1. ___ Carta(s) de garantía de empleo
2. ___ Un lugar de alojamiento
3. ___ Programas a los que asistir (enumera los programas a continuación)
4. ___Dirección del Agente de Libertad Condicional
5.___ Ropa Adecuada

EL DÍA DE LA LIBERACIÓN

Estas son las cosas de las que tendrás que preocuparte el día que te den el alta:

1) ¿Dónde te alojarás?

_____

2) ¿Con quién vas a quedarte?

_____

3) ¿Dónde vas a trabajar?

_____

4) ¿A qué programa(s) vas a asistir?

_____

5) ¿Dónde está tu Oficina de Libertad Condicional más cercana?

_____

6) ¿Cuándo es tu día de presentación de informes de libertad condicional?

_____

7) ¿Está todo el papeleo en orden?   [ ] S o [ ] N
Si no es así, ¿qué más necesitas?

_____

8) ¿Tienes una identificación válida?   [ ] S o [ ] N
Si no es así, ¿cómo y cuándo lo conseguirás?

_____

9) ¿Tienes transporte a casa?   [ ] S o [ ] N
Si no es así, menciona posibles personas o formas de llegar a casa:

_____

¡¡¡¡Si no tienes los documentos o la información que vas a necesitar ese primer día: consíguelos o infórmate de cómo conseguirlos!!!!

CAPÍTULO 7
Finanzas y Vida Sana

Los problemas con el dinero y la incapacidad de presupuestar los ingresos de forma eficiente pueden ser algunos de los factores menores por los que una persona que intenta hacer lo correcto puedes volver a la delincuencia.

Son cosas que tendrás que tener en cuenta y que pagarás cuando te pongas en pie y empieces a ganar dinero. Rellena los que se apliquen:

LOS IMPORTES DE LOS GASTOS ORDINARIOS MENSUALES:

CUIDADO DE NIÑOS/APOYO: $_____
ALIMENTOS/COMESTIBLES: $_____
ASISTENCIA SANITARIA:
    Medicamentos: $_____
    Cuidado de los Ojos/ Gafas: $_____
    Dental: $_____
SEGURO:
    Coche: $_____
    Médico: $_____
    La vida: $_____
    Casa/ Alquiler: $_____
GASTOS DE INTERNET (Es una necesidad):
$_____
ALQUILER/HIPOTECA/ALOJAMIENTO:
$_____
IMPUESTOS:
    Ingresos: $_____

Casa: $ _____
TELÉFONO: $ _____
TELEFONO CELULAR: $ _____
* TELEVISIÓN/CABLE/INTERNET (a menudo se incluyen en el contrato):
$ _____
TRANSPORTE: $ _____
OTROS: $ _____
OTROS: $ _____
OTROS: $ _____

TOTAL DE GASTOS REGULARES MENSUALES:

$ _____

IMPORTES MENSUALES DE GASTOS INFRECUENTES

Libros Revistas/Material de Lectura: $ _____
Ropa/ Calzado: $ _____
Cosmética/ Higiene/ Cuidado Personal: $_____
Pagos con Tarjeta de Crédito: $_____
Entretenimiento/Películas/Etc: $_____
Regalos: $_____
Productos de Limpieza para el Hogar: $_____
Mantenimiento del Hogar: $_____
Alimentos y Suministros para Mascotas: $_____
Restaurantes: $_____
Vacaciones: $_____
Gastos del Vehículo/ Reparaciones/ Gasolina/ Peajes:
$_____

TOTAL DE GASTOS INFRECUENTES MENSUALES:

$ _____

CAPÍTULO 8
Algunas Palabras sobre el Empleo

Esta es una de las cuestiones más difíciles entre los que salen de prisión. Con frecuencia, una persona es liberada habiendo obtenido un título universitario o alguna formación importante mientras estaba encarcelada y se encuentra con que es casi imposible encontrar un trabajo sólo por sus antecedentes penales. Es una situación aún más triste para alguien que una vez estuvo en una situación laboral productiva y se involucró con las drogas, lo que generalmente lleva a la delincuencia, y cuando es liberado, encuentra que tiene una dificultad extrema para obtener un empleo en su campo específico.

Tendrás que elaborar un buen currículum y determinar cómo manejar la solicitud de empleo, especialmente la parte en la que dice: "¿Ha sido usted condenado por un delito?"

Un currículum utilizable permitirá entender mejor lo que tienes que ofrecer y te servirá para acercarte a las oportunidades de empleo. NO rellenes tu currículum. Se sincero. Será la forma más rápida de perder la oportunidad de empleo si alguien te pregunta sobre la información que has dado. Recuerda: la tecnología actual puede revelar el acolchado/la omisión en cuestión de segundos tras la consulta de un empleador. La mayoría de los empleadores contratan a una empresa de contratación para que verifique los antecedentes de todos los empleados potenciales; incluso antes de que se realice la entrevista.

La honestidad es la mejor política.

La honestidad es la mejor política en este sentido. Con el inicio de los atentados terroristas del 11 de septiembre de 2001, han surgido una serie de "servicios", (rentables por supuesto), que facilitan mucho a un empleador potencial la búsqueda de una persona concreta y la comprobación de si ha sido condenada alguna vez por un delito. Podría haber sido el delito más inofensivo, y si aparece (¡y lo hará!), hay muchas posibilidades de que no te contraten. Esto hace que sea extremadamente difícil para una persona que sale de prisión y que tiene una condena tener éxito consiguiendo un trabajo y siendo productivo para ayudar a evitar que vuelva a la prisión.

El apéndice incluye un modelo de solicitud, una carta de presentación y un currículum.

Recuerda que el formato y la información cambiarán a medida que cambien los mercados de trabajo. El modelo de solicitud que se incluye es para tus registros y es una buena hoja de trabajo para tener tu información a mano. Llévala contigo a los lugares de trabajo que te darán su solicitud en papel para que la rellenes. Ten en cuenta que la <u>mayoría</u> de las solicitudes se rellenarán en línea mediante computadoras (incluidas las prestaciones estatales, el registro sanitario, etc.). Son tediosas y agotan la paciencia. Se paciencia.

Sí, necesitas conocimientos de informática para solicitar la mayoría de los empleos/prestaciones. También necesitas una cuenta de correo electrónico y una dirección. Las bibliotecas públicas tienen clases gratuitas para aprender lo básico, incluyendo el teclado y la mecanografía (los necesitas para utilizar una computadora de forma eficaz). Los centros de empleo y las bibliotecas tienen horas para la computadora gratuitas. Obtén una tarjeta de la biblioteca para acceder a toda esta información gratuita y a grandes recursos.

Los currículos y las cartas de presentación deben incluir las palabras que describen el trabajo que solicitas. Por ejemplo, si la habilidad de "carpintero" aparece en el anuncio de trabajo, asegúrate de que esas palabras exactas estén en tu currículum y en tu carta de presentación, de modo que si buscas un trabajo de carpintero en la computadora y tu currículum dice que trabajó en "Mastercraft Woodworking" como carpintero de 2010 a 2015, tus habilidades coincidirán con los requisitos de los responsables de la contratación y tendrás más posibilidades de conseguir el trabajo. Esencialmente, la computadora está buscando "palabras clave" de tu currículum que coincidan con la descripción del puesto y el conjunto de habilidades necesarias para el mismo. Utiliza recursos en línea para revisar/descargar/utilizar los formatos actuales para los currículos y las cartas de presentación. No tienes que pagar por este servicio. Está en línea. Es gratuito. Mantente al día utilizando TUS recursos de los Centros de Orientación Profesional, las Oficinas de Empleo y las Bibliotecas.

Si respondiste "sí" a "¿Has sido alguna vez condenado por un delito grave?" Te recomiendo que lo hagas; sin duda tendrás que explicarlo. Te recomiendo que seas lo más honesto posible y que no glorifiques el delito. *Nunca digas* "cometí un error", sólo admite tu culpabilidad (si es que fuiste culpable) y recuérdale a tu posible empleador que ya lo ha asumido y que has seguido adelante. Recuérdale que puedes ser vinculado por el gobierno federal y que tu potencial empleador obtendrá una fuerte reducción de impuestos por ti. Hay millones de personas trabajando que tienen delitos en su haber; no es el estigma que a veces se hace ver. PUEDES conseguir un trabajo, normalmente uno increíblemente bueno, si has cumplido tu condena. Se persistente y ten fe.

Si has ahorrado algo de dinero mientras estabas encarcelado o tienes familia u otras personas que te respalden, piensa en iniciar tu propio negocio. (Se consciente de que tendrás que tener el visto bueno de tu OP para tener tu propio negocio).

Hay muchos negocios por ahí que contratan SOLO a los que salen de las prisiones y me alegra decir que muchos de ellos tienen menos problemas que algunos negocios que se obstinan en contratar a los que nunca han estado en la prisión.

Puedes hacer de tu tiempo en prisión un tiempo de aprendizaje y reflexión, o puede hacer que sea un tiempo desperdiciado e improductivo. Todos tenemos opciones, por pequeñas que sean -incluso en la prisión. ¡Empieza a tomar buenas decisiones AHORA!

Referencias

Ya deberías haberlas anotado, por lo que no las necesitas aquí, donde se las proporcionarás a un posible empleador, si lo solicita. Asegúrate de que están disponibles para proporcionarlos una vez que se dé la solicitud.

Eso es todo. Si haces que parezca profesional. Te sugiero que utilices una computadora con el programa Microsoft Word y una buena impresora con papel de currículum. Si tienes las aptitudes adecuadas para el trabajo que pretendes conseguir, tendrás muchas posibilidades de obtener el tipo de empleo que buscas.

Si explicas todo con honestidad y transmites a un empleador un sincero deseo de permanecer fuera de la prisión y mantenerte limpio y alejado de la delincuencia, TENDRÁS ÉXITO

Algunas cosas más que hay que recordar son:

Si recibes una llamada de tu posible empleador para presentarte a una entrevista: vístete adecuadamente para el tipo de trabajo que solicitas. Si se trata de un trabajo de oficina, normalmente se requiere un traje y una corbata, y si es un trabajo manual de algún tipo: debes llevar pantalones planchados (o vaqueros) y una camisa limpia y planchada.

Si estás nervioso, ¡intenta que tu posible empleador no lo sepa! Ve al grano y trata de comportarte de forma respetuosa y tranquila. Si tienes que explicar tus antecedentes penales, hazlo sin entrar en demasiados detalles y haz saber a tu posible empleador que te estás superando en todo lo posible y que has dejado atrás lo que te llevó a la prisión.

Si le contratan, haz saber que tu OP puede pasar de vez en cuando a ver cómo estás. De nuevo, si eres honesto y tu comportamiento lo refleja, pronto acabarás donde quieres estar.

La realidad es que puedes acabar presentando un centenar de solicitudes y toda tu universidad y experiencia no significan nada cuando dices que tienes un delito. ¿Qué haces?

Como regla general: la OP no te dirá nada durante un par de meses, pero después se te echará encima como un tigre. Si no puedes encontrar un trabajo, piensa en hacer un voluntariado en algún lugar. Te sorprenderás por la cantidad de contactos que se pueden hacer cuando se es voluntario.

Además, la mayoría de los estados tienen algún tipo de enlace de empleo que ofrece ayuda gratuita para escribir currículos, hacer copias, listas de trabajo, clases de búsqueda de empleo y clases de informática, etc. Si todo lo demás falla, piensa en las posibilidades de iniciar tu propio negocio.

Si no has practicado el mantenimiento de un buen sistema de archivo, debes empezar a hacerlo antes de salir. Archivar todos tus movimientos, condiciones, compras, solicitudes de empleo, etc. es especialmente importante. Si no puedes permitirte un archivador, consigue unas buenas cajas resistentes y carpetas altas en las que se pueda marcar cada elemento. Tener un sistema de archivo también dará más orden a tu vida - ¡un aspecto importante para tener éxito en la libertad condicional y *EN LA VIDA*!

Haz una lista de las habilidades y aficiones que podrían interesar a un posible empleador.

CAPÍTULO 9
Condiciones de Libertad Condicional

Sean cuales sean tus condiciones, asegúrate de que entiendes lo que significan. Si tienes un nuevo PO, pídele que repase las condiciones contigo y pídele que inicialice el fondo después de hacerlo. Si no pueden darte una respuesta sobre las condiciones que te han puesto – marca con un círculo esa condición y pide hablar con un supervisor.

Si la OP cambia tus condiciones o modifica tu toque de queda, asegúrate de que está por escrito y de que tienes una copia.

Espera una OC diferente al menor cambio; y recuerda que lo que tenías puede no ser lo que obtengas. Así son las cosas a veces.

Se respetuoso siempre. Te ganarás la confianza del PO y entonces puede que te cambien de nuevo. Menciona al nuevo PO la relación positiva que tuviste con tu último PO. Dile que quieres hacer lo correcto. Si no puedes llevarte bien con el PO, pide hablar con un supervisor, pero el mejor consejo es que te tomes el tiempo necesario para conocer a tu PO y hagas lo que te digan.

Bien, por fin te han liberado y te han dado el dinero de tu estado en muchos casos y el dinero que has ahorrado en forma de cheque.

Asegúrate de que antes de salir tienes todos tus bienes personales, tu identificación estatal, los papeles de la libertad condicional y cualquier otro artículo personal que pienses llevarte.

Si tienes que tomar medicamentos, asegúrate de tomarlos antes de salir por la puerta. Muchas instalaciones estatales registrarán tus pertenencias al salir, así que no sea tonto. Si tienes algo en su propiedad que se supone que no debes tener, podría ser amonestado antes de salir por la puerta.

Si alguien viene a recogerte, prepárate para abandonar el recinto penitenciario inmediatamente. No tomes ninguna foto ni hagas ninguna tontería. De nuevo, podrían acusarle de un delito antes de que abandone la propiedad estatal, y estará de nuevo dentro antes de que pueda pestañear.

LISTA DE RECURSOS

NÚMEROS DE TELÉFONO IMPORTANTES

___

NOTAS

CAPÍTULO 10
HOGAR DULCE HOGAR

Cuántos de nosotros hemos dicho, durante el tiempo que hemos servido, que no podemos esperar hasta llegar a casa. Sin embargo, si miras las estadísticas, verás que el 75% de los hombres liberados volverán a estar dentro en un plazo de tres años. ¿Cómo puede ocurrir esto? Muchos hombres olvidan los momentos difíciles. Los hombres me han dicho que se olvidaron hasta que les pusieron las esposas; entonces todo volvió a su memoria. Entonces, ¿cómo romper el ciclo?

Uno de los aspectos más importantes del regreso a casa es tener un sistema de apoyo y suficiente DINERO para sobrevivir. Si eso significa ahorrar 1 dólar a la semana durante los próximos diez años mientras haces un tramo o cada vez que te envíen algo de dinero de fuera asegúrate de enviárselo a alguien en quien pueda confiar en casa o discierna y no lo gaste en el economato. Sé lo difícil que es eso. He pasado por ello, pero si quieres aumentar tus posibilidades de éxito debes empezar a ahorrar ahora. Claro, todos recibimos los 40 dólares de nuestro propio dinero al salir, pero eso no durará ni un día. Todo es caro. Si tienes un trabajo en la prisión bien pagado, empieza a ahorrar. Si no tienes un trabajo en la prisión bien pagado, entonces ahorra lo que ganas y reza por un trabajo mejor. Ya llegará. Ten paciencia.

Escribe cartas a tu familia, a tus amigos y a cualquier otra persona que te escuche y te ayude, e intenta empezar a ahorrar. Tener algunos ahorros puede ser la diferencia entre el éxito y el fracaso cuando salgas.

Si tu familia te envía paquetes regularmente, pídeles que guarden una parte del dinero para ti. Otra forma de ahorrar es "forzar el ahorro". Cuando veas algo que te guste en una revista o en la televisión, en lugar de comprar lo que no necesitas, pide un anillo de oro y que se lo envíen a casa. Siempre podrás cobrarlo más tarde. Aún mejor sería hacer que un pariente cercano y de confianza comprara bonos de ahorro. A medida que vayas cumpliendo tu condena, los bonos irán venciendo y cuando seas liberado tendrás los fondos que necesitas para conseguir un apartamento, comer, etc. Empieza a pensar de forma más inteligente.

Todos hemos oído que el dinero es la raíz de todos los males. Cuando tengas dinero al ser liberado, no tendrás la tentación de hacer algo estúpido para sobrevivir y acabar de nuevo en la prisión por ello. Eso es lo que marca la diferencia.

Además, aunque muchos de nosotros nos hemos educado mientras estábamos en prisión o hemos aprendido diferentes oficios, no esperes que el mundo de los negocios te abra los brazos. Las compañías de seguros temen a los que han sido encarcelados. He tenido empleadores que me han dicho que les gustaría contratarme, pero la compañía de seguros nunca lo hará.

El primer día o la primera semana de salida no debes tener ninguna idea de cómo encontrar tu empleo profesional. Encuentra trabajo sea cual sea; y si no puedes encontrarlo, busca algún lugar que te permita ser voluntario. Mi primer trabajo fue como voluntaria alimentando a los hambrientos. Con el tiempo pude conseguir un trabajo a tiempo parcial y más tarde me ofrecieron un puesto a tiempo completo. Los pasos inteligentes son a veces lentos.

Cuando sales por primera vez, muchos estados no tienen ninguna ayuda para ti. En Florida, nadie tiene cobertura médica y tu carné de identidad del sistema penitenciario no puede utilizarse como identificación válida para obtener un carné de conducir o una identificación estatal. Debes tener una tarjeta de seguridad social, un certificado de nacimiento y los papeles de tu liberación. Si has estado encarcelado durante mucho tiempo, desde el 11 de septiembre las cosas han cambiado. Si tienes una licencia de conducir, intenta renovarla mientras estás dentro. Esto te ahorrará muchos disgustos y dinero cuando estés fuera.

En muchos estados no hay transporte público. Contacta a algún conocido y pídele que le eche un ojo a una bicicleta usada. Yo monté en bicicleta los tres primeros meses después de la liberación. Si tienes la suerte de tener un pariente o familiar que conduzca, también puede ayudarte. Si todo lo demás falla, camina. Cualquier forma de poner en orden tu vida es la mejor. Además, montar en bicicleta te mantiene en forma, y con el precio de la gasolina cada vez más alto, te ayudará a ahorrar más dinero y a salir adelante. Si puedes conseguir un coche, asegúrate de que tiene matrícula, placas y seguro adecuados. En la era tecnológica, un ordenador de a bordo en cada coche de policía sólo tarda unos segundos en averiguar si conduces legalmente o no. No seas estúpido. El contacto con la policía debe ser reportado a tu OC, incluso si sólo fue por una infracción de tráfico. ¿Quién necesita las molestias?

UN PRIMER DÍA TÍPICO

- Ver a mis padres, esposa, hijos, etc.
- Comer bien.
- Rezar.
- Desempaca y acomódate.
- Toma un largo baño o una ducha.
- Ve una buena película o programa de televisión.
- Utiliza el celular para hacer una llamada.
- Haz planes para mañana.
- Ponte cómodo.
- Recuerda algunas de las cosas que antes echabas de menos.
- Respira profundamente un aire limpio, fresco y libre.
- Dormir en mi propia cama.
- Soñar con un buen futuro.
- Despertar al día siguiente renovado y convertido en una persona libre.
- No te desanimes si no todo sale como quieres.

RECUERDA:

AUNQUE HAYAS APRENDIDO MUCHAS COSAS DURANTE TU ENCARCELAMIENTO, DEBES INCLUIR LO QUE HAS APRENDIDO SOBRE TI MISMO. PREGÚNTATE Y REFLEXIONA SOBRE ESTAS CUESTIONES:

¿POR QUÉ COMETÍ LOS ERRORES QUE ME TRAJERON AQUÍ EN PRIMER LUGAR?

_____

_____

¿QUÉ VOY A HACER DE FORMA DIFERENTE CUANDO SEA LIBERADO?

_____

_____

_____

CAPÍTULO 11
Conclusión:

Recuerda que, a veces, la cosa más insignificante, algo que podrías hacer todos los días si no estuvieras en libertad condicional, tiene la capacidad de hacer que la violen. Con la tasa de reincidencia reforzada por una plaga de violaciones de la libertad condicional no penales, ¿por qué formar parte de ella?
Si tienes un sólido entusiasmo en tu mente para mantenerte fuera de la prisión, puedes hacerlo, siempre que recuerdes dónde estás, qué estás haciendo y con quién lo estás haciendo. Algunas personas anteriormente encarceladas creen que es mucho más fácil volver a la prisión que mantenerse fuera. No te engañes, este autor, que ha pasado veinte años en prisión, no está de acuerdo.

¿No era difícil planificar y tramar un determinado delito, o buscar drogas y comprarlas? ¿No habría sido más fácil buscar un trabajo o evitar la situación que te llevó a cometer ese delito? Si analizas realmente la situación, siempre es más fácil seguir siendo un ciudadano respetuoso con la ley y mantenerse alejado del voraz sistema penitenciario, que siempre estará ahí esperando volver si lo permites.

Toma el control del resto de tu vida ¡¡AHORA!!

Sé que, si sigo intentando mantenerme en el camino correcto, paso a paso llegaré a donde tengo que estar.

Nota:
Recuerda que debes tomar precauciones contra la pandemia de coronavirus que actualmente recorre el mundo en este año, 2020 y 2021.

No dudes en compartir conmigo tus reflexiones. Me encantaría escucharlas. Tus pensamientos pueden servir de aliento y de guía para alguien que piensa que toda esperanza está perdida.

Puedes ponerte en contacto conmigo por correo electrónico en:

John@prison-reentry.com

Si disfrutaste de este libro y lo encuentras útil, tómate unos minutos para escribir una reseña en tu tienda favorita, y por favor, remítelo a cualquier persona que conozcas y que pueda beneficiarse de la información que contiene.

ANEXO
Currículum y Carta de Presentación

Carta de Presentación

¿Te preguntas qué debes incluir en tu carta de presentación? Es una buena idea incluir puntos clave sobre por qué eres un gran candidato para la empresa y la mejor opción para el puesto específico. Por supuesto, no olvides pedir la entrevista—¡pero se breve!

Una carta de presentación no debe leerse como una novela, por muy buen argumento que tenga. Recuerda dar las gracias a la persona por haber revisado tus cualificaciones y haz un SEGUIMIENTO con una nota de agradecimiento o un correo electrónico una vez que lo hayan entrevistado. (Si no tienes noticias, haz un seguimiento en dos días, si no hay respuesta, sigue adelante. Las empresas no avisan a los candidatos a menos que los entrevisten directamente)

[Tu nombre]
[Dirección] | [Ciudad, Código Postal ST] | [Teléfono] | [Correo electrónico] (debes tenerlo para el contacto con el empleador)
[Fecha]
 [Título]
[Empresa]
[Dirección]
[Ciudad, Código Postal ST]

Attn: _____

Re: Título del Puesto de Trabajo y Número de Referencia/ Número de Identificación del Puesto (si procede)

Estimado [Destinatario utiliza la línea de attn. para el nombre] o Director de Recursos Humanos o Director de Departamento:

[Si estás preparado para escribir, sólo tienes que seleccionar este texto de consejo y empezar a escribir para sustituirlo por el tuyo propio. No incluyas espacio a la derecha o a la izquierda de los caracteres de tu selección].
[Aplica cualquier formato de texto que veas en esta carta con sólo un clic desde la pestaña Inicio, en el grupo Estilos].

Atentamente,
[Tu Nombre] (Recuerda que debe firmar si presentas esto a una persona o directamente a la empresa en formato de papel si no, imprime tu nombre con la computadora como firma).

Currículum Vitae

Tu dirección
Teléfono #
Dirección de correo electrónico

[Tu Nombre]
[Dirección] | [Ciudad, Código Postal ST] | [teléfono] | [correo electrónico] (debes tener correo electrónico para ser contactado)

Habilidades (usa esta área para que coincida con las habilidades en el anuncio del trabajo) – recuerda actualizar el currículum para CADA solicitud de trabajo – asegúrate de usar las palabras en el anuncio para cada trabajo que estás solicitando – sí, un nuevo currículum y carta de presentación para TODOS los trabajos que desees.
[Para reemplazar el texto del anuncio con el tuyo propio, sólo tienes que seleccionar una línea de texto y empezar a escribir. Para obtener los mejores resultados al seleccionar el texto a copiar o reemplazar, no incluyas espacio a la derecha de los caracteres en tu selección].

Experiencia
[Fechas Desde] – [Hasta]
[Título del puesto] | [Nombre de la empresa] | [Ubicación]
[Este es el lugar para un breve resumen de tus principales responsabilidades y logros más destacados].
– Utiliza las palabras clave de la descripción del puesto para que coincidan con las habilidades más relevantes por puesto]

Educación (si no tienes educación, elimina esta sección y no la menciones a menos que se te pregunte en la entrevista o sea un requisito que figure en el anuncio de empleo).
[Nombre de la escuela, ciudad, estado] (Incluso si se trata de un GED o de un nivel de grado específico).

[Especialización] (Si no tienes una especialización, no la incluyas).
Certificados de educación profesional (nombre del certificado, institución emisora – puedes necesitar una explicación de las habilidades utilizadas durante el proceso de certificación si es confuso).
Certificados de finalización de estudios (nombre e institución).
No incluyas tu GPA// No incluyas tu fecha de graduación.

Experiencia de voluntariado (habilidades adicionales no anotadas anteriormente – programas informáticos/hardware o reparación de algo habilidades que proporcionen un valor añadido para el empleador).

Resume esta área con las fechas y el tiempo y los contactos de las organizaciones para las que te has ofrecido como voluntario o a las que has prestado servicios -- utiliza la sección de experiencia para guiar el formato.

Modelo de Formulario de Solicitud de Empleo:

*** Utiliza esto como guía – la mayoría de las solicitudes son sólo en línea y necesitarás TODA esta información para completar las solicitudes – esté preparado para tener 10 años de historial de empleo disponible – por si acaso).

Instrucciones: Escribe claramente con tinta negra o azul. Responde a todas las preguntas. Firma y escribe la fecha en el formulario.

Información Personal
Primer Nombre _____
Segundo Nombre _____
Apellido _____
Dirección de la Calle _____
Ciudad, Estado, Código Postal_____
Número de Teléfono (___) _____
Correo Electrónico _____
¿Ha solicitado/trabajado antes en la empresa? [ ] S o [ ] N
En caso afirmativo, explique (incluya la fecha):
_____
¿Tiene amigos, familiares o conocidos que trabajen en la empresa?
[ ] S o [ ] N
En caso afirmativo, indique el nombre y la relación:
_____
En caso de ser contratado, ¿dispondría de transporte de ida y vuelta al trabajo? [ ] S o [ ] N
¿Tiene más de 18 años? [ ] S o [ ] N
Si es menor de 18 años, ¿tiene un certificado de empleo/edad? [ ] S o [ ] N
En caso de ser contratado, ¿podría presentar pruebas de su ciudadanía estadounidense o de su derecho legal a trabajar en Estados Unidos? [ ] S o [ ] N
¿Ha sido condenado o se ha declarado inocente de un delito grave en los últimos cinco años?
[ ] S o [ ] N
En caso afirmativo, describa el delito - indique la naturaleza del delito o delitos, cuándo y dónde fue

condenado y la resolución del caso.

_____
_____

En caso de ser contratado, ¿está dispuesto a someterse a una prueba de sustancias controladas y a superarla? [ ] S o [ ] N

Posición y Disponibilidad:
Puesto Solicitado: _____

Salario deseado: $_____

¿Está solicitando:
¿Trabajo temporal – como trabajo de verano o de vacaciones? [ ] S o [ ] N
¿Trabajo regular a tiempo parcial? [ ] S o [ ] N
¿Trabajo regular a tiempo completo? [ ] S o [ ] N
Días/horas disponibles
Lunes ____
Martes ____
Miércoles ____
Jueves ____
Viernes ____
Sábado ____
Domingo ____
Horario disponible: de _____ a _____
Si solicita un trabajo temporal, ¿cuándo estará disponible? _____
Si le contratan, ¿en qué fecha puede empezar a trabajar? ___ / ___ / ___
¿Puede trabajar los fines de semana? [ ] S o [ ] N
¿Puede trabajar por las tardes? [] S o [ ] N
¿Está disponible para trabajar horas extras?
[ ] S o [ ] N

¿Puede realizar las funciones esenciales del puesto de trabajo que solicita, con / sin ajustes razonables?
[ ] S o [ ] N
En caso negativo, describa las funciones que no se pueden realizar.
_____

Educación, Formación y Experiencia
Escuela Secundaria
Nombre de la escuela: _____

Dirección de la escuela: _____
Ciudad de la escuela, estado, código postal:
_____
_____
Número de años completados: _____
¿Se ha graduado? [ ] S o [ ] N
Título / diploma obtenido: _____

Colegio / Universidad:
Nombre de la escuela: _____
Dirección de la escuela: _____
Ciudad de la escuela, estado, código postal:
_____
_ _____
Número de años completados: _____
¿Se ha graduado? [ ] S o [ ] N
Título / diploma obtenido: _____

Escuela de formación profesional:
Nombre de la escuela: _____
Dirección_____

Ciudad de la escuela, estado, código postal:
_____
_____
Número de años completados: _____
¿Se ha graduado? [ ] S o [ ] N
Título / diploma obtenido: _____

Militar:
Rama: _____
Rango Militar:_____
Total de Años de Servicio: _____
Habilidades/deberes: _____
Detalles relacionados:_____
Habilidades y Cualificaciones: Licencias, Habilidades,
Formación, Premios
_____
¿Habla, escribe o entiende alguna lengua extranjera? [ ]
S o [ ] N
En caso afirmativo, describa qué idiomas y qué grado de
fluidez considera que tiene.
_____

Historial Laboral
Debes estar preparado para detallar cada puesto de trabajo durante los últimos cinco (posiblemente 10) años, y <u>**dar cuenta de cualquier intervalo**</u> en el empleo durante ese período.
¿Tiene usted actualmente un empleo? [ ] S o [ ] N
Si actualmente está empleado, ¿podemos ponernos en contacto con su actual empleador? [ ] S o [ ] N
Nombre del Empleador: _____
Nombre del Supervisor: _____
Número de Teléfono: _____
Tipo de Negocio: _____
Dirección: _____
Ciudad, estado, código postal: _____
Duración del Empleo (Incluya las Fechas):
_____
Cargo y Funciones: _____
Motivo de la Marcha:
_____

Puestos Anteriores:
Incluya para cada empleador/puesto los últimos cinco años:
Nombre del Empleador: _____
Nombre del Supervisor: _____
Número de Teléfono: _____
Tipo de Negocio: _____
Dirección: _____
Ciudad, estado, código postal: _____
Duración del Empleo (Incluya las Fechas):
_____
Posición y Funciones: _____
Razón por la que se va:

¿Podemos ponernos en contacto con este empleador para pedirle referencias?
[ ] S o [ ] N

Referencias
Enumera a continuación tres personas que tengan conocimiento de tu desempeño laboral en los últimos cuatro años. Por favor, incluye sólo referencias profesionales.

SUGERENCIA: la mayoría de los empleadores utilizarán este método para obtener el tiempo de respuesta más rápido – haz saber a tus referencias cada vez que utilices su nombre como referencia con el nombre del empleador, el título del puesto y quién se pondrá en contacto con él/ella – ¡obtén el permiso de ellos PRIMERO! No quieres una mala referencia – los empleadores hablan entre ellos, especialmente los que trabajan en el día a día y los reclutadores de las agencias de trabajo temporal, restaurantes, talleres mecánicos, etc.

Primer Nombre, Apellido:
_____

Número de Teléfono_____
Dirección:_____
Ciudad, Estado, Código Postal:_____
Ocupación_____
Número de Años de Conocimiento:_____
Dirección de Correo Electrónico:_____
Primer Nombre, Apellido:

_____

Número de Teléfono_____
Dirección:_____
Ciudad, Estado, Código Postal_____
Ocupación:_____
Número de Años de Conocimiento:_____
Primer Nombre, Apellido:

_____
Dirección de Correo
Electrónico:_____
Número de Teléfono:_____
Dirección:_____
Ciudad, Estado, Código Postal:_____
Ocupación:_____
Número de Años de Conocimiento:_____

Certifico que la información contenida en esta solicitud es verdadera y completa. Entiendo que la información falsa puede ser motivo para no contratarme o para la terminación inmediata del empleo en cualquier momento en el futuro si soy contratado. Autorizo la verificación de cualquier o toda la información mencionada anteriormente.

Firma _____

Fecha _____

NOTAS

NOTAS

NOTAS

www.ingramcontent.com/pod-product-compliance
Lightning Source LLC
Chambersburg PA
CBHW070323120526
44590CB00017B/2799